Munterrichtsmethoden digital

Hallo und gut …

mit diesem Ka … Metho-den und viele Varianten in der Hand. Sie können sich auf muntere Methoden freuen, mit denen Sie in Ihren Online-Seminaren das Lernen auslösen können. Denn darum geht es auch in digitalen Formaten: Das Lernen auslösen. Die Gefahr, dass wir als Lehrende selbst viel erklären und präsentieren ist in digitalen Lernwelten noch größer als in Präsenz-Seminaren. Mit den Munterrichts-methoden werden Sie andere Wege kennen lernen.

Alle Methoden regen die Lernenden an, aktiv zu werden. Auch online gilt: Je aktiver die Teilnehmenden sich mit dem Stoff auseinandersetzen, desto intensiver verarbeiten sie die neuen Inhalte. Darüber hinaus erleben die Teilnehmenden das Online-Seminar kurzweiliger, weil sie immer wieder selbst aktiv werden können.

Das Schöne an den Methoden: Sie sind ganz **einfach**. Das ist im Online-Seminar wichtig. Komplizierte Aufgaben führen rasch zu Missverständnissen und Frust – bei Lernenden und Lehrenden.

Sie können die Methoden auf **verschiedenen Plattformen** einsetzen. Ganz egal, ob Sie mit Edudip, MS-Teams, Webex, Zoom oder einer anderen Plattform arbeiten.

Bei allen Methoden finden Sie jeweils **verschiedene Varianten**. Wählen Sie die Arbeitsform, die auf Ihrer Plattform gut möglich ist und zu den Rahmenbedingungen Ihres Online-Seminars am besten passt: Zu Ziel, Zeit und Zielgruppe, zum Thema, Ihrem persönlichen Trainingsstil und zu den digitalen Kompetenzen der Lerngruppe.

Munterrichtsmethoden digital

orbium Seminare

Variieren Sie verschiedene Arbeitsformen

Jede und jeder für sich:

Das funktioniert immer: Geben Sie den Lernenden Zeit, nachzudenken, eine Aufgabe zu lösen oder Notizen zu machen.

Schreiben und lesen:

Nahezu alle Plattformen verfügen über eine Chatfunktion und ein Whiteboard. Hier können die Lernenden ihre Gedanken schriftlich mitteilen.

Sprechen und Hören:

Einzelne Teilnehmende teilen ihre Gedanken mit.

Austausch in Teilgruppen:

Das ist auf vielen Plattformen möglich. Und wo es nicht geht, nutzen Sie Methode D 18 – Walk and Talk.

Lassen Sie sich von den Methoden inspirieren. Meine Erfahrung: Auch im Online-Seminar ist methodisch mehr möglich, als man zunächst denkt und die Lernenden nehmen es dankbar an. Viel Spaß beim Stöbern und Ausprobieren. Und dann gutes Gelingen in Ihrem munteren Online-Seminar!

Harald Groß

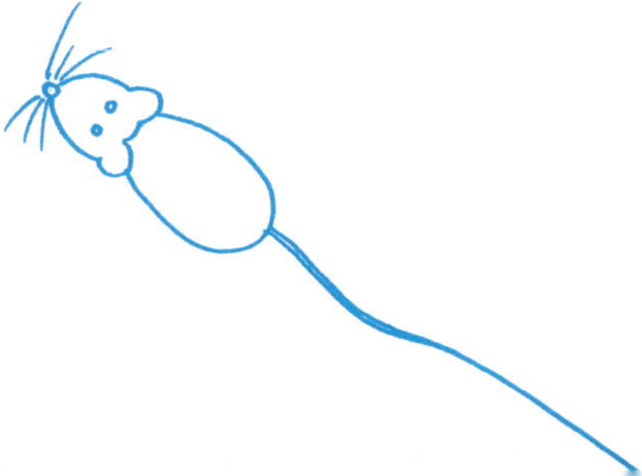

Drei Minuten - drei Treffer

D1

D1 Drei Minuten - drei Treffer

orbium® Seminare

Ziel:
Die Teilnehmenden kommen miteinander in Kontakt und finden Gemeinsamkeiten.

Vorbereitung:
Digitale Kleingruppenräume oder Telefonlisten vorbereiten.

Dauer:
Erklären: 1 Minute
Gemeinsamkeiten finden: 3 Minuten
Ergebnisse vorstellen: pro Team 1 Minute

Kurz beschrieben:
Zu Beginn eines Online-Seminars bringen Sie jeweils drei Teilnehmende in digitale Kleingruppenräume oder in einer Telefonkonferenz zusammen. Die kleinen Gruppen haben die Aufgabe, in drei Minuten drei Gemeinsamkeiten zu finden. Berufliche und persönliche Gemeinsamkeiten.
Ein Gruppenmitglied notiert die gefundenen Punkte.
Zurück im „Hauptraum" kann aus jedem Team ein Vertreter kurz die Gemeinsamkeiten der Kleingruppe vorstellen.

Wirkung:
Mit „Drei Minuten – drei Treffer" sorgen Sie für einen schnellen sozialen Start ins Online-Seminar.

Variante:
Die Teilnehmenden haben die Aufgabe, in drei Minuten z.B. drei Tipps oder drei Ideen zum aktuellen Thema zu finden.

Modelle orakeln

D2

D2 Modelle orakeln

Ziel:

Die Teilnehmenden tasten sich aktiv an neue Modelle heran.

Vorbereitung:

Das Modell oder die Modelle mit PowerPoint oder auf dem Whiteboard visualisieren.

Dauer:

Hinführen und Erklären: 1 Minute
Orakeln: 2 bis 3 Minuten
Inhaltliche Weiterarbeit: Je nach Umfang des Modells

Kurz beschrieben:

Im Online-Seminar wollen Sie ein Modell bearbeiten. Anstatt es selbst vorzustellen, zeigen Sie es den Lernenden ohne große Erklärung. Die Teilnehmenden denken über das Modell nach, zum Beispiel mit diesen Leitfragen: „Was sagt das Modell aus?", „Welche Zusammenhänge werden hier beschrieben?", „Wofür könnte es nützlich sein?"

Nachdem jede und jeder für sich über das Modell nachgedacht hat, können Sie – je nach Modell, Zeit und digitaler Plattform – verschiedene Wege einschlagen.

- Die Teilnehmenden schreiben ihre Ideen in den Chat.
- Einzelne Teilnehmende teilen ihre Gedanken mit.

Anschließend ergänzen Sie Punkte, die zum Modell noch nicht genannt wurden. Sie werden überrascht sein, wie viel die Lernenden selbst vermuten und benennen können.

Wirkung:

Anstatt alles fertig „serviert" zu bekommen, erschließen sich die Lernenden neue Modelle selbst. Das ist nicht nur lernfördernd, es macht Ihr Online-Seminar auch lebendig.

6 Richtige

D3

D3 Sechs Richtige

orbium® Seminare

Ziel:

Die Teilnehmenden beschäftigen sich mit dem neuen Thema. Sie aktivieren ihr Vorwissen.

Vorbereitung:

Keine

Dauer:

2 bis 5 Minuten

Kurz beschrieben:

Sie steigen in ein neues Thema ein, zum Beispiel „Hygiene im Krankenhaus“. Bevor Sie viel dazu erzählen, fragen Sie die Teilnehmenden: „Was vermuten Sie? Welche Stichworte werden in unserem Kurs zum Thema Hygiene mit hoher Wahrscheinlichkeit fallen? Versuchen Sie, mindestens 6 Begriffe zu finden. Die Chancen auf „6 Richtige“ stehen besser als im Lotto.“

Je nach digitaler Plattform können Sie einen passenden Weg auswählen:

- Jede und jeder denkt für sich nach.
- Die Teilnehmenden schreiben ihre Vermutungen in den Chat.
- Einzelne Teilnehmende stellen ihre Begriffe vor.
- Die Teilnehmenden sammeln in digitalen Kleingruppenräumen zu zweit oder zu dritt Begriffe. Vertreter einiger Teams stellen die gefunden Begriffe vor.

Wirkung:

Alle Lernenden überlegen, was sie zum Thema bereits wissen. Sie als Kursleitung erfahren, welche Kenntnisse die Teilnehmenden zu dem Thema bereits haben.

Schema X

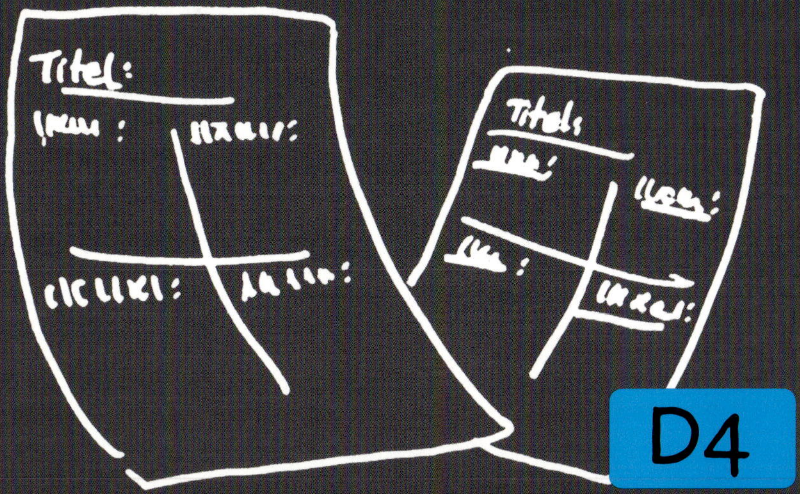

D4 Schema X

orbium Seminare

Ziel:

Die Teilnehmenden halten in einem Schema wichtige Inhalte des Online-Seminars gut strukturiert fest.

Vorbereitung:

Schlüssiges Bearbeitungsschema entwickeln und visualisieren.

Dauer:

Erklären: 1 Minute
Schema zeichnen: 2 Minuten
Schema füllen: je nach Umfang des Themas

Kurz beschrieben:

Im Online-Seminar behandeln Sie wichtige Inhalte. Bevor Sie starten, zeigen Sie den Teilnehmenden auf der Bildschirmpräsentation oder am Whiteboard ein Schema, eine Struktur. Es kann eine noch leere Tabelle oder ein noch nicht beschriftetes Modell sein. Die Lernenden haben die Aufgabe, das vorgestellte Schema auf Papier aufzumalen. In der folgenden Etappe bitten Sie die Lernenden, das noch leere Schema mehr und mehr zu füllen. Mit den Inhalten, die Sie vorstellen und die für die Teilnehmenden besonders wichtig sind.

Wirkung:

- „Nebenbei" entwickelt jede und jeder für sich eine Zusammenfassung des Kurses.
- Mit dem Schema unterstützen Sie das hochwirksame Lernen in Zusammenhängen.
- Schreiben auf Papier ist eine gute Abwechslung zum Zuschauen am Bildschirm.

Schlüsselfragen

D5

D5 Schlüsselfragen

orbium Seminare

Ziel:

An die Anliegen der Teilnehmenden anknüpfen, Themen und Fragen dem Interesse der Lernenden entsprechend aufgreifen.

Vorbereitung:

Fragen formulieren und auf PowerPoint oder am Whiteboard visualisieren.

Dauer:

Je nach Anzahl und Art der Fragen.

Kurz beschrieben:

Zur nächsten Einheit in Ihrem Online-Seminar stellen Sie den Teilnehmenden auf einer PowerPoint-Folie 5 bis 7 Fragen vor. Fragen, mit denen Sie sich im Kurs beschäftigen *können*. Die Lernenden bestimmen, welche Fragen bearbeitet werden. Jede und jeder darf dazu drei Punkte, Herzen oder Sterne vergeben. Das funktioniert in fast allen Plattformen sehr unkompliziert. Die Teilnehmenden können ihre Punkte auf verschiedene Fragen verteilen oder auch eine Frage, die ihnen besonders wichtig ist, mit mehreren Punkten stärken. Ganz schnell sehen Sie, welche Themen bei Ihrer aktuellen Lerngruppe hoch im Kurs stehen. Sie starten mit der Frage mit der höchsten Punktzahl. Dann folgen die nächstbewerteten Fragen.

Wirkung:

Die Teilnehmenden bestimmen das Programm. Es werden die Fragen bearbeitet, die für die Gruppe wichtig und interessant sind.

Learning-Snack

D6

D6 Learning-Snack

Ziel:
Die Teilnehmenden frischen im Anschluss an das Online-Seminar die Inhalte noch einmal auf.

Vorbereitung:
Einen kostenfreien Account anlegen und einen Learning-Snack zum Kursinhalt erstellen. Den aktuellen Link zum Learning-Snack finden Sie unter www.orbium.de/online-munter.

Dauer:
Wenige Minuten – je nach Anzahl der Fragen

Kurz beschrieben:
Am Ende eines Online-Seminars verabschieden Sie die Lernenden mit einem Learning-Snack. Das ist eine kurze Stoffwiederholung. Im Chat oder auf der Präsentation zeigen Sie einen Link oder einen QR-Code, der zum Snack führt. Die Teilnehmenden haben im Anschluss an den Kurs die Aufgabe, dem Link zu folgen – mit dem Smartphone oder dem Webbrowser. Dort erwartet die Teilnehmenden ein virtueller Dialog mit Ihnen – mit Fragen zum Lernstoff. Es sind Single-Choice-Fragen, Multiple-Choice-Fragen und kleine Umfragen möglich. Im Dialog erfahren die Lernenden sofort, ob sie richtig geantwortet haben.

Wirkung:
Auch nach dem Online-Seminar beschäftigen sich die Lernenden noch einmal mit den Kursinhalten. Learning-Snacks sind eine prima Möglichkeit, wichtige Inhalte zu trainieren.

Lage der Nation

D7

D7 Lage der Nation

Ziel:

Schnelles Zwischenfeedback der Teilnehmenden bekommen.

Vorbereitung:

Je nach Variante

Dauer:

Je nach Gruppengröße und Variante

Kurz beschrieben:

Auch und gerade in Online-Seminaren ist es nützlich, immer wieder ein Stimmungsbild einzuholen. Bitten Sie die Teilnehmenden, kurz zu berichten, wie sie „drauf" sind. Viele einfache Wege sind möglich:

- Die Teilnehmenden benennen, wie es ihnen auf einer Skala von 0 bis 5 geht. Ihre Zahl schreiben die Lernenden in den Chat oder markieren sie auf einer Skala am Whiteboard.
- Sie präsentieren eine Auswahl von Adjektiven. Zum Beispiel „zufrieden", „irritiert", „neugierig", „genervt" … Die Teilnehmenden wählen 1 bis 3 Worte aus, die ihren Zustand gut beschreiben. Sie können die Worte in den Chat schreiben oder kurz benennen. Oder einer nach dem anderen kreist „seine" Worte auf dem Whiteboard ein.
- Jeder Teilnehmende findet rund um den Schreibtisch rasch einen realen Gegenstand, der seinen aktuellen Zustand symbolisch darstellt. Nacheinander halten die Lernenden ihre Gegenstände in die Kamera und erzählen …

Wirkung:

Mit einer kurzen Fragerunde nach der „Lage der Nation" erfahren Sie, wie es den Lernenden geht. Mancher Frustration, manchem Konflikt können Sie so früh begegnen.

Linksuche

D8

D8 Linksuche

orbium® Seminare

Ziel:
Die Teilnehmenden entdecken und nennen Verbindungen mit anderen Lernenden.

Vorbereitung:
Keine

Dauer:
Erklären: 1 Minute
Linksuche: Je nach Gruppengröße; pro Teilnehmer ca. 30 Sekunden

Kurz beschrieben:
Zu Beginn des Online-Seminars mit einer neuen Gruppe, in der sich die Teilnehmenden noch wenig kennen, eröffnen Sie die Linksuche. Gesucht werden Verbindungen zwischen den Teilnehmenden. Es funktioniert ganz einfach. Sie bitten die Lernenden, zu einem Aspekt etwas über sich zu berichten, zum Beispiel zum Ausbildungs- und Studienberuf. Eine Person beginnt. Zum Beispiel Klaus: „Ich bin von Haus aus Bankkaufmann." Die anderen Teilnehmenden hören zu. Wer zu Klaus eine Verbindung entdeckt, meldet sich. Zum Beispiel Daniela: „Bei mir geht es auch um Zahlen. Ich habe Mathematik studiert." Verlinkt wird, bis alle Teilnehmenden etwas von sich berichtet haben. Für die Linksuche sind verschiedene Varianten möglich:

- Die Teilnehmenden melden sich zu Wort und nennen ihren Link.
- Die Linksuche läuft schriftlich. Die Teilnehmenden schreiben ihre Verbindung in den Chat.

Wirkung:
In kurzer Zeit erfahren die Teilnehmenden viel voneinander. Alle haben einmal etwas gesagt oder im Chat geschrieben.

Tippsuche

D9

D9 Tippsuche

Ziel:
Die Teilnehmenden entwickeln und präsentieren konkrete Handlungs- und Praxistipps.

Vorbereitung:
Keine

Dauer:
Erklären: 2 Minuten
Tippsuche: Je nach Umfang der Aufgabenstellung

Kurz beschrieben:
Mit der Tippsuche können Sie auch im Online-Seminar den Praxistransfer anstoßen. Die Teilnehmenden entwickeln zum Thema konkrete Praxistipps. Mehrere Varianten sind möglich:

- Jede und jeder findet für sich einen Praxistipp.
- Die Teilnehmenden schreiben ihre Praxistipps in den Chat.
- Die Teilnehmenden stellen ihren Praxistipp vor.
- Die Teilnehmenden tauschen sich in digitalen Kleingruppenräumen über Tipps aus. Jede Gruppe präsentiert anschließend einen Tipp.
- Die Teilnehmenden gestalten zu ihrem Tipp eine Folie. Dazu nutzen sie kostenfreie Bilddatenbanken im Netz. Aktuelle Fundstellen finden Sie unter: www.orbium.de/online-munter

Wirkung:
Die Lernenden teilen ihre Erfahrungen. Das Online-Seminar wird praxisnah und lebendig.

Drehen und Wenden

D10

D10 Drehen und Wenden

orbium® Seminare

Ziel:
Die Teilnehmenden erarbeiten selbst theoretische Zusammenhänge.

Vorbereitung:
Geeignetes Thema auswählen, Teile des Modells in der PowerPoint-Präsentation unsortiert darstellen oder digitale Pinnwand mit den Bauteilen anlegen.

Dauer:
Erklären: 3 Minuten
Drehen und Wenden: 3 bis 5 Minuten
Vorstellen der Ergebnisse: 5 bis 10 Minuten

Kurz beschrieben:
Im Online-Seminar wollen Sie den Teilnehmenden ein Modell, eine Theorie oder einen Prozess vorstellen. Anstatt selbst alles zu erklären, informieren Sie die Teilnehmenden nur über Titel und Zweck der Theorie und zeigen auf einer PowerPoint-Folie die unsortierten Bauteile. Die Lernenden haben die Aufgabe, daraus das Modell zu entwickeln. Mehrere Varianten sind möglich:

- Jede und jeder überlegt für sich, wie eine sinnvolle Struktur aussehen könnte.
- Die Teilnehmenden teilen im Chat oder auf dem Whiteboard ihren Entwurf mit.
- Einzelne Teilnehmende stellen ihre Idee vor.
- Die Teilnehmenden tauschen sich in digitalen Kleingruppenräumen über das Modell aus.
- Alle Lernenden greifen auf eine von Ihnen vorbereitete digitale Pinnwand zu (Beispiele unter: www.orbium.de/online-munter). Dort kann die Gruppe gemeinsam „drehen und wenden".

Wirkung:
Die Lernenden beschäftigen sich intensiv mit dem Modell.

Zwischenbilanz

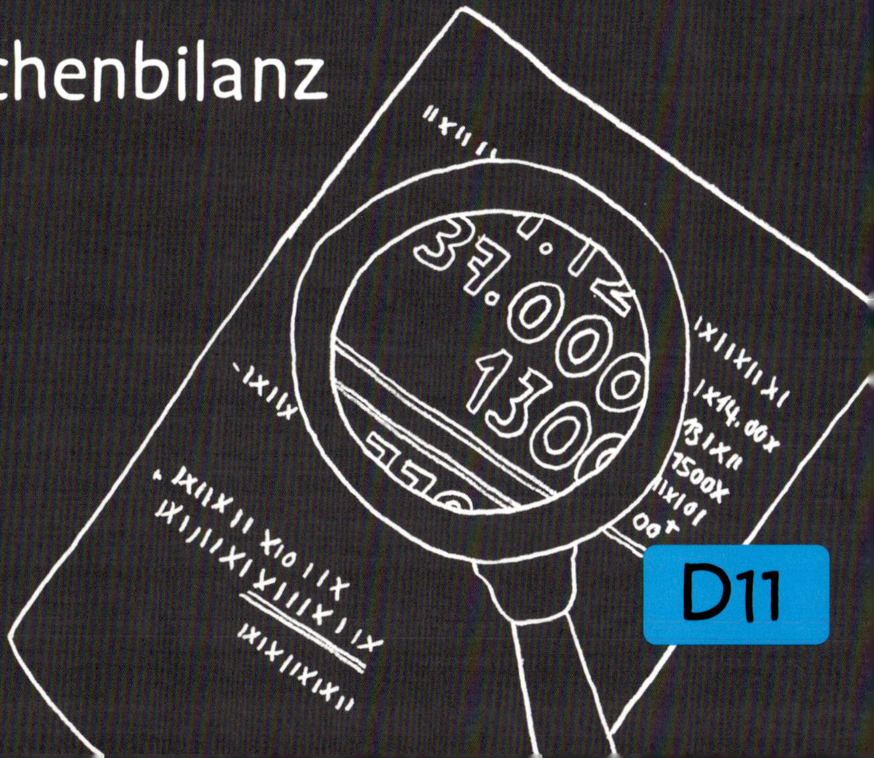

D11

D11 Zwischenbilanz

Ziel:
Die Teilnehmenden rekapitulieren, was sie gelernt haben und bereiten den Praxistransfer vor.

Vorbereitung:
Keine

Dauer:
Erklären: 1 Minute
Bilanzieren: 3 bis 5 Minuten

Kurz beschrieben:
Im Online-Seminar haben Sie bereits erste wichtige Sachverhalte vorgestellt. Nun regen Sie die Teilnehmenden mit zwei Fragen dazu an, sich die Inhalte noch einmal durch den Kopf gehen zu lassen. Frage 1: „Was haben Sie heute im Online-Seminar schon gelernt?", Frage 2: „Was tun Sie damit?"
Die Teilnehmenden beschäftigen sich mit den Fragen. Verschiedene Formen sind möglich:

- Jede und jeder überlegt für sich, was bisher die wichtigsten Inhalte waren und macht Notizen.
- Die Teilnehmenden teilen im Chat oder auf dem Whiteboard ihre wichtigsten Punkte mit.
- Einzelne Lernende erzählen, was sie gelernt haben und was sie daraus machen werden.
- Die Teilnehmenden tauschen sich in digitalen Kleingruppenräumen über ihre Zwischenbilanz aus.

Wirkung:
Die Teilnehmenden erinnern den Stoff und bereiten den Praxistransfer vor.

Schnelle Modelle

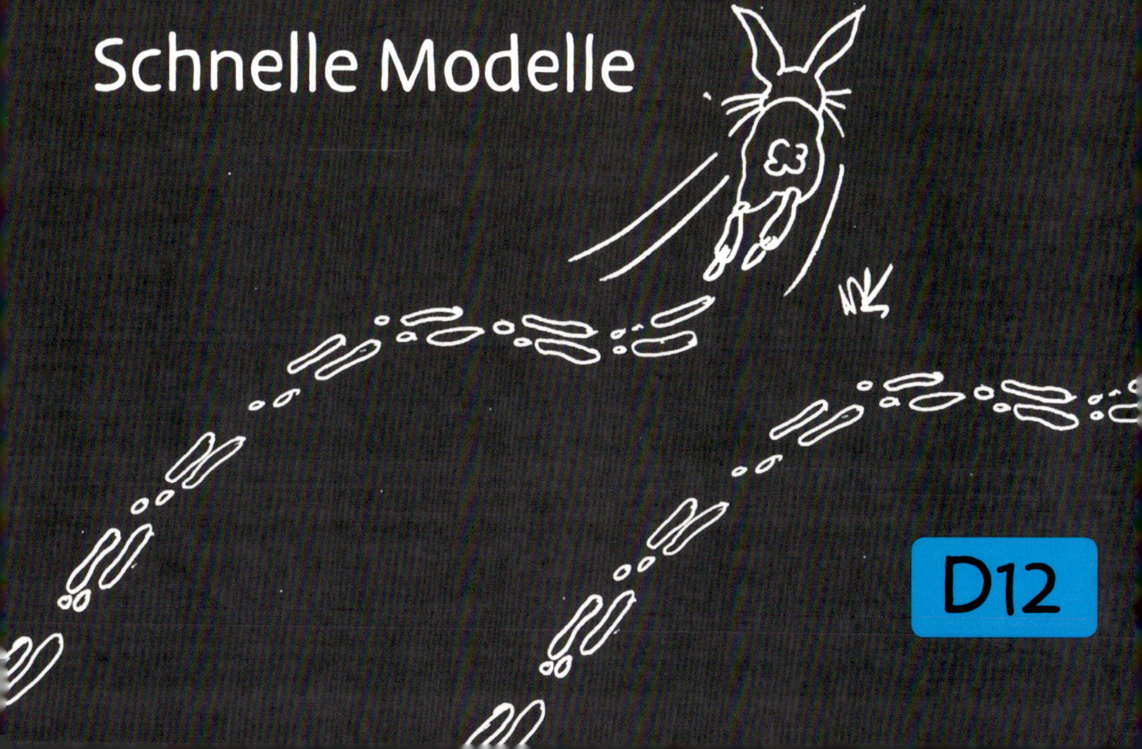

D12

D12 Schnelle Modelle

orbium Seminare

Ziel:
Die Teilnehmenden halten in einer rasch angefertigten Skizze die Inhalte und Zusammenhänge eines neuen Stoffgebiets fest.

Vorbereitung:
Keine

Dauer:
Skizze anfertigen: 3 bis 10 Minuten (je nach Umfang des Stoffs)
Evt. Austausch: 5 Minuten

Kurz beschrieben:
Die Teilnehmenden haben hörend, lesend und sehend neuen Lernstoff aufgenommen. Für den Lernerfolg ist es wichtig, innezuhalten und die neuen Informationen zu verarbeiten. Bitten Sie die Lernenden, zum Lernstoff rasch eine Skizze anzufertigen. Hilfreich sind folgende Hinweise:

1. Beginnen Sie mit den wesentlichen Kernpunkten. Verlieren Sie sich nicht zu sehr in Details.
2. Nutzen Sie ganz einfache Elemente zur Darstellung: Linien, Pfeile, Strichfiguren, Symbole …

Nun sind die Lernenden gefordert. Sie müssen den neuen Lernstoff erinnern und in einer für sie schlüssigen Ordnung darstellen. Im zweiten Schritt können Sie die Teilnehmenden bitten, ihre Skizze zu fotografieren und z.B. auf eine digitale Pinnwand hochzuladen (Beispiele unter: www.orbium.de/online-munter). Eine Kurzvorstellung einzelner Skizzen kann folgen.

Wirkung:
Die Teilnehmenden erinnern und durchdenken den Lernstoff. Sie entwickeln ihre eigene Zusammenfassung.

Mini Übungen

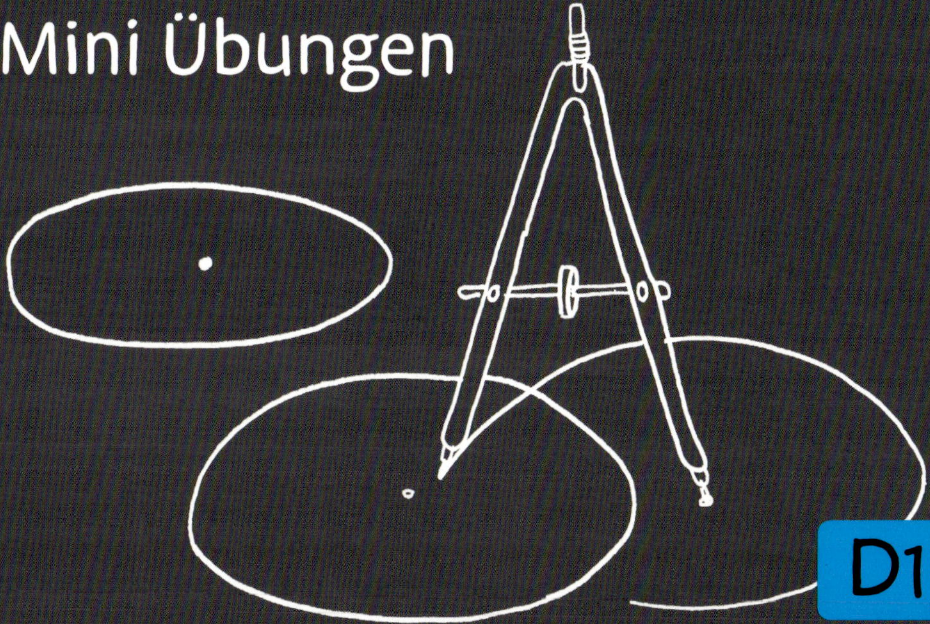

D13

D13 Miniübungen

Ziel:

Die Teilnehmenden üben gezielt eine bewusst ausgewählte Teilkompetenz.

Vorbereitung:

Eine oder mehrere kleine Übungsaufgaben identifizieren und formulieren.

Dauer:

Je nach Miniübung 5 bis 15 Minuten.

Kurz beschrieben:

Anstelle von komplexen Übungen nach langen Informationsphasen sorgen Sie durch Miniübungen für einen rascheren Wechsel der Arbeitsphasen. Sie bringen die Lernenden mit Übungen ins Tun, bei denen sie eine Teilkompetenz erproben und trainieren.
Zwei Beispiele für Miniübungen: Die Lernenden berechnen den PH-Wert oder sie spielen mit einem Teilnehmenden am Telefon die Eröffnung des Beratungsgesprächs durch …

Die Vorteile dabei:

- Durch Miniübungen verkürzen Sie für die Teilnehmenden lange Zuhörphasen. Die Lernzeit wird abwechslungsreicher. Und es fällt leichter, aufmerksam zu bleiben. Das ist gerade in Online-Seminaren hilfreich!
- Miniübungen brauchen wenig Zeit. Sie sind so präzise formuliert, dass alle rasch verstehen, was zu tun und worauf zu achten ist. Zu den pointierten Miniübungen können Sie jeweils ein oder zwei Kriterien nennen, die geübt und beobachtet werden sollen.
- Die Teilnehmenden haben bei jeder Miniübung die Chance auf Lernkompetenzerleben. Sie spüren, dass sie im Seminar vorankommen.

Brillenträgervotum

D14

D14 Brillenträgervotum

orbium Seminare

Ziel:

Teilnehmende zur aktiven Mitarbeit verführen.

Vorbereitung:

Klare Frage formulieren und Attribute zur Teilgruppenauswahl ausdenken.

Dauer:

Wenige Minuten pro Frage.

Kurz beschrieben:

Auch im Online-Seminar wünschen Sie sich, dass sich viele Teilnehmende aktiv beteiligen. Anders als im Präsenz-Seminar können Sie jedoch nicht so leicht Blickkontakt zu einzelnen Lernenden aufnehmen und sie ermuntern, etwas zu sagen. Da kann das „Brillenträgervotum" nützlich sein. Es funktioniert ganz einfach. Sie stellen eine Frage und ergänzen: „Bei dieser Frage interessiert mich als Erstes, was die Brillenträgerinnen und Brillenträger unter uns dazu denken. Welcher Mensch mit Brille beginnt?" Die Gruppe derer, die nun in Frage kommen, wird übersichtlicher. Weniger Lernende sind angesprochen.

Viele weitere Attribute sind möglich, zum Beispiel „Alle, die nördlich des Mains leben", „Alle mit Nebenfach Geschichte" oder „Alle, die ihr Praxisprojekt schon begonnen haben" …

Wirkung:

Mit dem Brillenträgervotum erleichtern Sie den Einstieg in Dialoge.

Recken und Strecken

D15

D15 Recken und Strecken

Ziel:
Konzentration stärken, Verspannungen vorbeugen, Lernzeit auflockern.

Vorbereitung:
Keine

Dauer:
2 bis 5 Minuten

Kurz beschrieben:
Die Zeit vor dem Bildschirm verbringen wir häufig in einer eher statischen Position. Das tut unseren Körpern auf Dauer nicht gut. Und auch die Konzentrationsfähigkeit lässt irgendwann nach. Bauen Sie deshalb in Ihr Programm immer wieder Bewegungsminuten ein. Vieles ist unkompliziert möglich. Hier ein paar Beispiele:

- Sitzend: Zehen in den Schuhen bewegen, Hüften auf dem Stuhl kreisen, Fäuste ballen, Finger abspreizen, Schultern kreisen, Kopf vorsichtig nach rechts und links – nach oben und unten bewegen, Stirn runzeln, auf Kommando gähnen, nach rechts und links aus der Bildfläche verschwinden …
- Stehend: auf den Zehenspitzen stehen, sich groß machen, auf einem Bein stehen, Beine und Arme ausschütteln, Oberkörper Wirbel für Wirbel nach unten bewegen …

Wirkung:
Wenige Minuten Recken und Strecken sind für Körper und Geist gut investierte Zeit! Danach geht's mit neuer Energie weiter im Programm.

Schätzfragen

D16

D16 Schätzfragen

orbium® Seminare

Ziel:
…sse und Aufmerksamkeit auf das The-
…nken.

…ereitung:
Schätzfrage(n) formulieren.

Dauer:
Pro Schätzfrage wenige Minuten

Kurz beschrieben:
Im Online-Seminar stellen Sie eine oder mehrere Schätzfragen zum aktuellen Thema. Zum Beispiel: „Wie viele Einwohner hat die Stadt Zürich?"
Schätzfragen sind in vielen Stoffgebieten möglich. Sie wecken das Interesse der Teilnehmenden. Viele Teilnehmende überlegen: Wie lautet die richtige Antwort?

Verschiedene Varianten für die Weiterarbeit mit Schätzfragen sind möglich.

- Jede und jeder denkt für sich über die Frage nach. Sie nennen nach einer halben Minute die Lösung.
- Die Teilnehmenden schreiben ihre Vermutung in den Chat oder notieren sie am Whiteboard.
- Einzelne Teilnehmende nennen ihre Vermutung.
- Die Teilnehmenden wählen in einer Umfrage, welche der angebotenen Antwortmöglichkeiten ihnen am plausibelsten erscheint.

Wirkung:
Die Teilnehmenden rätseln und überlegen, welche Antwort plausibel ist. In diesem Zustand sind wir in der Regel wach bei der Sache. Das ist prima – gerade in langen Online-Seminaren!

Sicherheitscheck

D17

D17 Sicherheitscheck

Ziel:
Insbesondere bei schwierigen Themen Klarheit darüber gewinnen, wo die Teilnehmenden stehen.

Vorbereitung:
Skala von 0 bis 10 auf PowerPoint-Folie oder Whiteboard vorbereiten.

Dauer:
Erklären: 1 Minute
Markieren: 1 Minute
Rückmeldung: 5 Minuten oder länger

Kurz beschrieben:
Sie haben ein anspruchsvolles Thema bearbeitet. Nun wäre es gut zu wissen, wie es den Lernenden mit dem neuen Thema geht. Auf einer PowerPoint-Folie oder am Whiteboard zeigen Sie den Teilnehmenden eine Skala von 0 bis 10. Hier können alle markieren, wie sicher sie sich im Thema fühlen. 10 = sehr sicher, 0 = sehr unsicher. Oder dazwischen, wo es dem jeweiligen Sicherheitsgefühl der Teilnehmenden entspricht. Rasch entsteht ein Bild. Jetzt stellen Sie zwei Fragen:

- Frage 1: Wo stehen Sie?
- Frage 2: Was brauchen Sie, um weiter Richtung 10 zu kommen?

Einzelne Teilnehmende nennen ihre Antworten oder schreiben ihre Gedanken in den Chat.

Wirkung:
Die Teilnehmenden denken über ihren Lernprozess nach. Sie als Kursleitung erhalten wertvolle Rückmeldungen.

Walk and Talk

D18 Walk and Talk

orbium® Seminare

Ziel:
Die Teilnehmenden tauschen sich über ein Thema aus und kommen dabei ein wenig in körperliche Bewegung.

Vorbereitung:
Namen der Walk and Talk-Duos auf einer PowerPoint-Folie darstellen.

Dauer:
Erklären: 3 Minuten
Walk and Talk: je nach Aufgabenstellung

Kurz beschrieben:
Im Verlauf des Online-Seminars bitten Sie die Teilnehmenden, jeweils zu zweit eine Aufgabe zu bearbeiten. Zum Beispiel Lösungen zu einem Problem zu entwickeln oder sich über eine Fachfrage auszutauschen. Die Aufgabe wird nicht wie gewohnt – meist sitzend – am Bildschirm gelöst. Je zwei Teilnehmende telefonieren miteinander. Auf einer PowerPoint-Folie sehen die Teilnehmenden die Duos. Im Privatchat tauschen die Partner ihre Telefonnummern aus.
Je nach Aufgabenstellung haben die Teams 5, 10 oder 20 Minuten Zeit. Ermuntern Sie die Lernenden, beim Telefonieren zu gehen. Drinnen oder bei längeren Aufgaben an der frischen Luft. Anschließend kommen alle wieder im virtuellen Klassenzimmer zusammen. Einzelne Vertreter stellen ihre Ideen oder Lösungen vor.

Wirkung:
Die Teilnehmenden bearbeiten eine Aufgabe – und können sich bewegen. Eine willkommene Abwechslung zum vielen Sitzen am Bildschirm!

Merkzettel

D19

D19 Merkzettel

orbium Seminare

Ziel:

Die Teilnehmenden filtern heraus, was aus dem Online-Seminar für sie wichtig und nützlich ist.

Vorbereitung:

Merkzettel-Vorlage auf PowerPoint oder Whiteboard skizzieren.

Dauer:

Erklären: 1 Minute
Merkzettel ausfüllen: 3 Minuten
Evt. Austausch: 5 Minuten

Kurz beschrieben:

Am Ende der Online-Lernzeit zeigen Sie den Teilnehmenden auf einer PowerPoint-Folie oder am Whiteboard einen Merkzettel. Das kann zum Beispiel eine kleine Tabelle sein oder eine Hitliste. Zunächst zeichnen die Teilnehmenden die leere Vorlage für sich auf Papier. Im zweiten Schritt tragen sie auf dem Merkzettel zusammen, welche Erkenntnisse, Techniken, Inhalte, Gedanken oder Tipps für sie besonders wertvoll sind. Im dritten Schritt notieren sie, wo und wie sie diese in der Praxis einsetzen werden. Alle haben ihre „Beute“ gesichert. So könnte der Kurs enden. Oder Sie bitten die Teilnehmenden, einen wichtigen Punkt in den Chat oder auf das Whiteboard zu schreiben. Einzelne Lernende könnten einen Gedanken vorstellen. Oder kleine Gruppen tauschen sich in digitalen Kleingruppenräumen aus.

Wirkung:

Die Teilnehmenden bereiten den Praxis-Transfer vor.

Stichwortsalat

MERKEN

D20

D20 Stichwortsalat

orbium® Seminare

Ziel:
Die Teilnehmenden erinnern Inhalte und geben sie mit eigenen Worten wieder.

Vorbereitung:
5 bis 10 wesentliche Stichworte auf PowerPoint oder das Whiteboard schreiben.

Dauer:
Erklären: 1-2 Minuten
Begriffe erinnern: 5-10 Minuten
Eventuell aufgetretene Fragen klären: hängt von der Komplexität des Themas ab

Kurz beschrieben:
Am Ende einer Einheit ermöglichen Sie den Lernenden, wichtige Stichworte zu erinnern und zu vertiefen. Die Teilnehmenden sehen eine Sammlung von Stichworten. Begriffe aus der zurückliegenden Einheit. Sie haben die Aufgabe, sich die Stichworte anzuschauen und zu überlegen, was ihnen dazu einfällt. Je nach digitaler Plattform können Sie einen passenden Weg auswählen:

- Jede und jeder schaut sich alleine die Stichworte an und macht Notizen.
- Einzelne Teilnehmende erklären der Gesamtgruppe einen Begriff.
- Die Teilnehmenden erklären sich in digitalen Kleingruppenräumen gegenseitig die Begriffe.

Wirkung:
Die Teilnehmenden erinnern selbständig wichtige Punkte und werden sicherer im neuen Stoffgebiet.

Glücksrad

D21

D21 Glücksrad

orbium Seminare

Ziel:
Die Teilnehmenden frischen Inhalte aus der zurückliegenden Lerneinheit auf.

Vorbereitung:
Glücksrad öffnen und Begriffe aus dem Kurs eintragen.
Den aktuellen Link zum Glücksrad finden Sie unter www.orbium.de/online-munter.

Dauer:
Erklären: 1 Minute
Auffrischen pro Begriff: 30 Sekunden bis 1 Minute

Kurz beschrieben:
Im Online-Seminar haben Sie verschiedene Inhalte vorgestellt und erarbeitet. Nun ermöglichen Sie den Teilnehmenden, den Stoff noch einmal aufzufrischen. Dazu haben Sie in die Felder des Glücksrads zentrale Begriffe aus der Kurseinheit eingetragen. Sie teilen den Bildschirm und stoßen das Glücksrad an. Der Zufall wählt einen Begriff aus.

- Jede und jeder überlegt für sich, was ihm und ihr zum Begriff einfällt.
- Ausgewählte Teilnehmende haben die Aufgabe, ihre Erinnerungen zum Begriff im Chat zu notieren.
- Eine Person erzählt, was ihm oder ihr zum Begriff einfällt. Hat die Person zum Begriff keine Idee, gibt sie das Glück an jemand anderen weiter …

Wirkung:
Auf eine zufällige, fröhliche Art wiederholen die Teilnehmenden den Stoff.

Feedback in drei Worten

D22

D22 Feedback in drei Worten

Ziel:
Die Teilnehmenden geben Feedback zu einer Kurseinheit.

Vorbereitung:
Keine

Dauer:
Je nach Gruppengröße 2 bis 5 Minuten

Kurz beschrieben:
Am Ende einer Einheit bitten Sie die Lernenden, zu überlegen, was für sie in der zurückliegenden Etappe besonders neu, wichtig, wertvoll war. Sie sollen für sich herausfinden, was sie aus dem Kurs mitnehmen, umsetzen, bedenken wollen und überlegen, mit welchem Gefühl sie die Lernzeit erlebt haben. Das Besondere: Die Teilnehmenden haben die Aufgabe, mit nur drei Wörtern zu antworten.

Bitten Sie die Lernenden, sich drei zentrale Wörter zu notieren. Wenn alle ihre Begriffe aufgeschrieben haben, geht es weiter. Verschiedene Varianten sind möglich:

- Die Teilnehmenden schreiben ihre drei Begriffe in den Chat.
- Die Teilnehmenden schreiben ihre Begriffe auf das Whiteboard.
- Die Teilnehmenden nennen ihre drei Begriffe.

Wirkung:
Alle Lernenden können in Ruhe überlegen, was für sie wichtig war. Gleichzeitig dauert das Feedback nicht lange. Und Sie bekommen eine komprimierte Rückmeldung zum Online-Seminar.